Pedro Calderón de la Barca

El dragoncillo

Barcelona **2024**
Linkgua-ediciones.com

Créditos

Título original: El dragoncillo.

© 2024, Red ediciones S.L.

e-mail: info@linkgua.com

Diseño de cubierta: Michel Mallard.

ISBN rústica: 978-84-9816-409-1.
ISBN ebook: 978-84-9953-091-8.

Sumario

Brevísima presentación

La vida

Pedro Calderón de la Barca (Madrid, 1600-Madrid, 1681). España.

Su padre era noble y escribano en el consejo de hacienda del rey. Se educó en el colegio imperial de los jesuitas y más tarde entró en las universidades de Alcalá y Salamanca, aunque no se sabe si llegó a graduarse.

Tuvo una juventud turbulenta. Incluso se le acusa de la muerte de algunos de sus enemigos. En 1621 se negó a ser sacerdote, y poco después, en 1623, empezó a escribir y estrenar obras de teatro. Escribió más de ciento veinte, otra docena larga en colaboración y alrededor de setenta autos sacramentales. Sus primeros estrenos fueron en corrales.

Lope de Vega elogió sus obras, pero en 1629 dejaron de ser amigos tras un extraño incidente: un hermano de Calderón fue agredido y, éste al perseguir al atacante, entró en un convento donde vivía como monja la hija de Lope. Nadie sabe qué pasó.

Entre 1635 y 1637, Calderón de la Barca fue nombrado caballero de la Orden de Santiago. Por entonces publicó veinticuatro comedias en dos volúmenes y La vida es sueño (1636), su obra más célebre. En la década siguiente vivió en Cataluña y, entre 1640 y 1642, combatió con las tropas castellanas. Sin embargo, su salud se quebrantó y abandonó la vida militar.

Entre 1647 y 1649 la muerte de la reina y después la del príncipe heredero provocaron el cierre de los teatros, por lo que Calderón tuvo que limitarse a escribir autos sacramentales.

Calderón murió mientras trabajaba en una comedia dedicada a la reina María Luisa, mujer de Carlos II el Hechizado. Su hermanó José, hombre pendenciero, fue uno de sus editores más fieles.

Personajes

Villano
Un Alcalde
Vejete
Un Sacristán
Teresa
Una Criada
Un Soldado

Acto único

(Salen el Gracioso de villano, Teresa, graciosa, y una Criada.)

Teresa	Huid, marido, que viene la Justicia
	con grande gente acá, y trae codicia
	sin duda de prenderos,
	cumplido el plazo ya, por los dineros
	que a Gil Parrado a deber quedasteis, 5
	de aquellas negras tierras que comprasteis.
Gracioso	¿Y es verdad, mujer mía,
	que vienen hacia acá?
Teresa	¡Qué bobería!
	Pues si verdad no fuera,
	¿para qué os lo dijera? 10
Gracioso	¿Fuera gran maravilla
	dejarla de decir por no decilla?
Teresa	Corred, pues, y meteos en sagrado.
Gracioso	Ya correré, mujer, que Dios loado,
	ligero so.
Teresa	Pues ¿cómo tan reacio 15
	os estáis?
Gracioso	Como yo corro de espacio.
Teresa	Con esas necedades han entrado
	ya en casa, y no hay corral, puerta o terrado
	por donde os retiréis; y así, esconderos

| | es fuerza, si queréis preso no veros... | 20 |

| Gracioso | Decidme vos ¿adónde,
cuando yo vengo y otro está, se esconde? |

| Teresa | ¿Malicias, mentecato?
En aqueste pajar, por este rato
os entrad, que quizá no caerá en ello. | 25 |

| Gracioso | Para otra vez me huelgo de sabello. |

(Vase.)

(Sale el Vejete con vara de alcalde.)

| Vejete | ¿Está en casa Parrado? |

| Teresa | No, señor alcalde. Viendo que ha llegado
el plazo de la deuda, retraído
le hallaréis en la Iglesia. |

| Vejete | Necio ha sido, 30
pues yo a esto no venía,
sino a que sepa que una Compañía
que de tránsito pasa,
alojándola voy de casa en casa
y a él le toca un soldado 35
que esta noche ha de estar aquí hospedado.
Entre, que aquí el furriel que quede manda. |

(Sale un Soldado y vase el Vejete.)

| Soldado | ¡Gracias a Dios que ya llegó mi tanda! |

Vejete	Adiós, soldado, que en buena casa queda.
Teresa	No muy buena, pues no hay con qué le pueda 40 servir, ni aun con la cena que se suele.
Soldado	Señora patrona, no se desconsuele, que hecha a trabajos viene la persona.
(Aparte.)	(¡Por Dios que es así así la tal patrona!) Y con una ensalada, 45 un jamón, una polla, una empanada, unos rábanos y unas rajas de queso, y unas aceitunas, pan y vino, y de dulce algún bocado, como quiera lo pasa Juan Soldado. 50
Teresa	Pues Juan Soldado crea y se persuada que de todo eso hay solo la en-pan-nada.
Soldado (Canta.)	¿Qué importa que no tengas, patrona mía, más regalo, si tienes 55 esa carilla?
(Canta a los paños.)	
Gracioso	Pajar mío, pues miras decirla amores préstame [...] tu tranca para esta noche. 60
Teresa (Canta.)	¡Ay! que no se desvele, por vida suya, que es más sorda, aunque no oiga la que no escucha.

11

Gracioso (Canta.)	Si la tranca en la mano	65
	quedito llego,	
	hágolo por dar vado	
	a mi pensamiento.	

Soldado (Canta.)	Pues aunque te [...] enojes	
	si falta cena,	70
	pajaritos que vuelen	
	traeré a tu mesa.	

Gracioso (Canta.)	De cenar le ha ofrecido,	
	vuelve atrás, tranca,	
	hasta ver donde vuelan	75
	mis esperanzas.	

Teresa (Canta.)	Pues me vende carocas	
	que yo no merco,	
	váyase noramala	
	que no le quiero.	80

Gracioso (Canta.)	¡Que a mi esposa regalen	
	y ella no admita!	
	¿Quién ha visto, madre,	
	tan gran desdicha?	

Soldado (Canta.)	Si es que desconfía	85
	de que lo traiga,	
	ir y venir con todo	
	sabré en volandas.	
	Que aunque Juan Juanillo	
	solo me llamo,	90
	bien saben que soy todos	
	la piel del diablo.	

(Sale el Gracioso con una tranca.)

Gracioso   ¡Jesús mil veces! ¿Qué me ha sucedido?

Soldado   ¿Quién es este pazguato?

Teresa   Mi marido,
que tiembla cuando en casa ve alojado   95
de cualquier Compañía algún soldado.

Soldado   No tenga ni recelos ni aflicciones,
que es una Compañía de Dragones.

Gracioso   Hombre, ¿qué dices?

Soldado   Que es una Compañía
de Dragones.

Gracioso   ¡Ay, Virgen María!   100
A retraerme vo.

Teresa   ¿A mí me dejas
a los Dragones?

Gracioso   Sin razón te quejas
que a ti no te harán mal, que sois parientes.

Teresa   ¿Parientes?

Gracioso   Sí, dragones y serpientes.

Soldado   Mas yo soy tan compuesto,   105
tan santo, tan pacífico y modesto,

que nada pediré.

Gracioso   Pues ¿si no hubiera
cama en mi casa?

Soldado   En el pajar durmiera.

Gracioso   ¿Si en ella no se hallara
cena a esta hora?

Soldado   Sin cenar quedara.   110

Gracioso   Aquel que veis enfrente
es el pajar; yo es fuerza que me ausente;
y así, pues que me vo, dejar quisiera
atrancada la puerta por de fuera.

Soldado (Aparte.)   (Con la tranca en la mano,   115
¿quién no obedece el ruego de un villano?)
Digo que soy contento:
con pajar y tejado me contento,
según vengo rendido.

(Éntrase el Soldado.)

Gracioso   Aquí he de ver un primor de gran marido. 120
La llave de mi honor, mujer, es ésta;
(Dale una llave.)   cátala aquí, no quiero más respuesta.
Porque la confianza
es la que más seguridad alcanza.
(Aparte.)   Tómala, cierra tú. (¡Oh, en esta ausencia, 125
no me muerdas, gusano, la conciencia!)

(Vase.)

14

(Sale una Criada.)

Criada   ¡Gracias a Dios, señora,
                que llegó de acabar de irse la hora!

Teresa   ¿Qué importa, si ha quedado
                el dragoncillo ahí?

Criada   Ya está cerrado,   130
                no hay que temer; y más, que está dormido.

Teresa   Mira quién hace en esa puerta ruido.

(Sale el Sacristán, y trae en unas alforjas que trae al cuello todo lo que
dicen los versos.)

Sacristán   Teresa de las Teresas,
                y aún de las Marías y Anas,
                Isabeles y Beatrices,   135
                Juanas, Luisas y Catalinas:
                apenas tu retraído
                marido volvió la espalda,
                cuando éntrome acá, que llueve.
                Pues ¿qué es eso? ¿No me abrazas?   140
                ¿Quid habet Domina mea?

Teresa   ¿Qué quieres si tengo en casa
                un huésped?

Sacristán   ¡Hosped! ¿Quid est?

Teresa   Un soldadillo, que acaban
                de alojar aquí esta noche.   145

Criada	¡Oh qué de poco te espantas!
	¿Qué importa, si está cerrado
	en el pajar, con la tranca
	que esté o no [...]?

Sacristán	Tú, Marica,
	redidisti ad corpus almam.	150
	Pon la mesa, porque quiero
	ir aliviando la carga.

Criada	La mesa, vela aquí puesta,
	con sus platos y su taza,
	su salero y su candil.	155

(Ha de haber una mesa no muy pesada con manteles, unos platos, vaso, y salero, y un candil en un velador.)

Sacristán	Pues ves aquí una ensalada
(Ensalada.)	que para italiana solo
	le faltó venir de Italia.
	Huevos duros para ella
(Huevos.)	en el bonete se guardan.	160
	Una en-pan-algo está aquí,
(Empanada.)	porque se hizo en mi casa,
	que a ser en la del figón
	no fuera sino en-pan-nada.
	Con su jamón, una polla	165
(Jamón y polla.)	rellena, y salpimentada.
	Rabanitos y aceitunas
(Rábanos y aceitunas.)	para la postre no faltan.
	In pectore está la bota,
(Saca la bota del pecho.)	
	sede apud ego.

Teresa	Sentada	170
	estoy, y asiéntate tú	
	también, Marica.	

(Dentro.)

Gracioso	¡Ah de casa!

Teresa	¡Triste de mí! ¡Mi marido!

Sacristán	¿Qué he de hacer?

Teresa	¡Ay desdichada
	que no sé!

Criada	Yo sí, todo esto	175
	por esos rincones guarda.	

Gracioso (Dentro.)	¡Ah de casa!

Criada	Cual dormida
	responde.

Teresa	¿Quién es quien llama?

Gracioso	El menor marido tuyo.

Criada	No es tiempo éste de demandas,	180
	ponte debajo la mesa.	

Sacristán	Para una trampa, otra trampa.

[Escóndese.]

Gracioso [Dentro.]   ¡Ah, de casa!

Criada   ¡Ay! ¿Qué es [...] señor?

(Sale el Gracioso.)

Gracioso   ¿Tanto en esconderse tardan?

Criada   Señor, seas bien venido.   185

Teresa   ¡Qué bien parece en su casa
                     un hombre tras una ausencia!

Gracioso   Y más ausencia tan larga...

Teresa   ¿A qué vuelves?

Gracioso   ¡Ay polilla
                     del honor, y cuánto escarbas!   190

Teresa (Aparte.)   (¿No quitarás los manteles?

Criada   Se viera si los quitara.)

Teresa   ¿A qué vienes?

Gracioso   Solo a esto.
(Va hacia el paño.) Muy bien puesta está la tranca.
                     ¡Lo que hace hacer un marido   195
                     de su mujer confianza!

Soldado (Dentro.)   ¡Señor Patrón!

Gracioso	¡Seo Soldado!
Soldado	Sáqueme usté de esta jaula.
Gracioso	¿Qué quiere, señor Soldado?

(Abre el Gracioso la puerta y sale el Soldado.)

Soldado (Aparte.)	(Pues he visto cuanto pasa,	200
	les he de cenar la cena	
	o me he de pelar las barbas.)	
	Porque le sentí llamé;	
	ya dormí, y como la gana	
	del dormir se fue, se vino	205
	la de cenar.	
Gracioso	Pues no hay nada.	
Soldado	No se aflija. No lo pido,	
	que si un secreto me guarda	
	yo haré que cenemos todos.	
Gracioso	Como él no se me vaya	210
	yo lo guardaré muy bien.	
Teresa	Y las dos. ¿Qué es lo que traza?	
Soldado	Pues como los tres me ayuden,	
	yo haré que venga en volandas	
	aquí la cena.	
Gracioso	¿Qué habemos	215
	de hacer?	

Soldado	La señora ama	
	ha de alumbrar con la luz	
	y alcanzarlo la criada.	
	Y el Patrón me ayudará	
	al conjuro.	

Gracioso   ¡Eso no, guarda!   220
¿Yo conjuro?

Soldado   ¿Por qué no,
si linda cena le aguarda?

Gracioso   Eso de cena es el diablo.
Vaya por mi parte.

Soldado   Vaya.
Ten tú el candil, y tú, alerta   225
y hacer lo que se les manda.

(Aparte.)   (Porque si no han de escuchar
como el dragoncillo canta.)

Teresa   Obedecer es forzoso.

Soldado   Alumbra bien, que las caras   230
nos hemos de ver porque
todo lo que hiciese, haga.

(Toma el candil Teresa, y el Soldado hace como que conjura, y el Gracioso hace las mismas acciones, y la Criada va trayendo lo que escondió.)

Soldado   Quiririín quin paz.

Gracioso   Quiríría quin paz.

Soldado	Quiririín quin puz.	235
Gracioso	Quiririín quin puz.	
Soldado	Aquí el buz.	
Gracioso	Aquí el buz.	
Soldado	Aquí el baz.	
Gracioso	Aquí el baz.	
Soldado	Tras.	
Gracioso	Tras.	
Soldado	Tris.	
Gracioso	Tris.	
Soldado	Tros.	
Gracioso	Tros.	
Soldado	Trus.	
Gracioso	Trus.	240

Soldado   Quirilín quin paz, quirilín quin puz.
¡Oh tú, que estás encerrado
(el dónde yo me lo sé),
ven de un bufete cargado,
y mira que quiero que   245
no venga desmantelado!

A mi mandado
de obedecer no te alteres,
porque te diré quién eres,
y saldrá el enredo a luz.   250
Aquí el buz.

Gracioso   Aquí el buz.

Soldado   Allí el baz.

Gracioso   Allí el baz.

Soldado   Tras.

Gracioso   Tras.

Soldado   Tris.

Gracioso   Tris.

Soldado   Tros.

Gracioso   Tros.

Soldado   Trus.

Gracioso   Trus.

Soldado   Aquí el buz.

Gracioso   Allí el buz.   255

(Viene el Sacristán debajo de la mesa andando con ella.)

22

Sacristán (Aparte.)	(¡Que haya yo de obedecer!
Teresa	¡Y que yo de alumbrar haya!)
Gracioso	¡Ay señores! ¿Qué es aquesto? ¡Por su pie la mesa anda y puesta y todo!
Soldado	¡Chitón, 260 y no del cerco se salgan! ¡Oh tú, que de una empanada sabes, y de una ensalada a dónde escondida está! A este rincón donde va 265 dásela a aquesa criada. Y tú, que me oyes con pena, pon en esotro rincón, como si fuera alacena un pedazo de jamón, 270 y alguna polla rellena, y sea muy buena. Mira que si no lo es, o de tajo o de revés haré en tu cara una cruz. 275 Aquí el buz, etc.
Criada	Sin ver quién, allí me han dado ensalada y empanada, polla rellena y jamón.
Gracioso	¿Dónde diablos te lo hallas? 280
Teresa (Aparte.)	(Yo bien lo sé.

Sacristán	Y aun yo, y todo.)

Soldado	Ahora lo mejor falta.
	¡Oh tú, que buenas fortunas
	echas en espuerta rota
	por las Estigias lagunas! 285
	Trae rábano y aceitunas,
	pan y queso, y una bota,
	y no esté rota.
	Porque si esto no me das,
	irán tras ti un zis y un zas 290
	como trueno de arcabuz.
	Aquí el buz, etc.

Criada	Ya está aquí cuanto ha nombrado.

Soldado	¿Basta esto, Patrón?

Gracioso	No basta,
	porque ¿esto qué es si no trae 295
	todo un menudo de vaca?

Soldado	Pues va de menudo. ¡Oh tú...!

Teresa (Aparte.)	(¡Hombre del diablo, repara
	que no hay más!)

Soldado	Dice el Demonio,
	que aquí al oído me habla, 300
	que comamos ahora esto
	que después, si hiciere falta,
	traerá lo demás.

Gracioso	Comamos.

Soldado	Los cuatro, amor y compaña, nos lleguemos.
Gracioso	¿Y es seguro, 305 seor Soldado?
Soldado	¿Eso extraña? Para quien estaba hecho lo diga...
Sacristán (Aparte.)	(Para mí estaba y así yo quiero decirlo.)

(Alcanza el Gracioso qué comer, y el Sacristán, que está debajo de la mesa, se lo quita.)

Gracioso	¡Ay, ay, que me arrebatan 310 la comida!
Soldado	Calle y coma.
Gracioso	Otro es quien come y quien calla.
Soldado	No se meta ahora en eso, ahí es un camarada.
Gracioso	¡Por Dios él sea quien fuere, 315 que la polla está extremada! ¿No hay vino?
Criada	Aquí está la bota.
Soldado	Límpiese. Harele la salva.

(Va a beber el Gracioso, y el Soldado le quita la bota, y luego el Sacristán.)

Gracioso   ¡Ay que me llevan la taza!

Soldado   Ya se la vuelven.

Gracioso   Tizona   320
fue aquélla si ésta es colada.
Por más vuelve.

Soldado   Venga acá.
¿Es mucho si hay quien lo traiga
que haya también quien lo coma?

Gracioso   No por cierto, ni aun no nada.   325

Soldado   Ahora, pues ya hemos cenado,
el mejor postre nos falta
que es ver a quien lo ha traído.

Teresa   Hombre del diablo, ¿qué trazas?

Gracioso   Yo no he de verlo.

Teresa   Ni yo.   330

Soldado   ¿Pues no le hemos de dar gracias?

Gracioso   Yo no soy agradecido.

Teresa   Y yo siempre he sido ingrata.

Soldado   ¡Oh tú, que diste la cena,

	licencia doy de que salgas,	335
	y dando un gran estallido	
	por donde viniste, vayas!	
Sacristán	Eso solamente haré	
	yo de bonísima gana.	

(Sale de debajo de la mesa el Sacristán, y lleva un cohete cebado, y dando el trueno, apaga la luz, y danse golpes unos a otros.)

Gracioso	¡Jesús, mil veces Jesús!	340
	¡La luz del candil se apaga!	
Sacristán	Deste soldadillo tengo	
	de vengarme.	
Gracioso	¡Ay que me matan!	
Sacristán	A buen bocado, buen grito,	
	Soldadillo, ¿dónde andas?	345
Soldado	Aquí.	
Sacristán	Pues toma.	
Gracioso	No toma sino mi espalda.	
Teresa	Yo me voy a mi cocina.	

(Vase.)

| Criada | Yo debajo de mi cama. | |

(Vase.)

Sacristán	Yo me voy a mi produndis.	350

(Vase.)

Soldado	Y yo a mi Cuerpo de Guardia.

(Vase.)

Gracioso	Y yo a mi guarda de cuerpo.	
	Y pues nadie a escuras baila,	
	a buscar un baile voy	
	que sirva de mojiganga.	355

Libros a la carta

A la carta es un servicio especializado para
empresas,
librerías,
bibliotecas,
editoriales
y centros de enseñanza;
y permite confeccionar libros que, por su formato y concepción, sirven a los propósitos más específicos de estas instituciones.

Las empresas nos encargan ediciones personalizadas para marketing editorial o para regalos institucionales. Y los interesados solicitan, a título personal, ediciones antiguas, o no disponibles en el mercado; y las acompañan con notas y comentarios críticos.

Las ediciones tienen como apoyo un libro de estilo con todo tipo de referencias sobre los criterios de tratamiento tipográfico aplicados a nuestros libros que puede ser consultado en Linkgua-ediciones.com .

Linkgua edita por encargo diferentes versiones de una misma obra con distintos tratamientos ortotipográficos (actualizaciones de carácter divulgativo de un clásico, o versiones estrictamente fieles a la edición original de referencia).

Este servicio de ediciones a la carta le permitirá, si usted se dedica a la enseñanza, tener una forma de hacer pública su interpretación de un texto y, sobre una versión digitalizada «base», usted podrá introducir interpretaciones del texto fuente. Es un tópico que los profesores denuncien en clase los desmanes de una edición, o vayan comentando errores de interpretación de un texto y esta es una solución útil a esa necesidad del mundo académico.

Asimismo publicamos de manera sistemática, en un mismo catálogo, tesis doctorales y actas de congresos académicos, que son distribuidas a través de nuestra Web.

El servicio de «libros a la carta» funciona de dos formas.

1. Tenemos un fondo de libros digitalizados que usted puede personalizar en tiradas de al menos cinco ejemplares. Estas personalizaciones pueden ser de todo tipo: añadir notas de clase para uso de un grupo de estudian-

tes, introducir logos corporativos para uso con fines de marketing empresarial, etc. etc.

2. Buscamos libros descatalogados de otras editoriales y los reeditamos en tiradas cortas a petición de un cliente.